¡Vamos criaturita, vamos!

¡Teje araña, teje!

Dana Meachen Rau

Marshall Cavendish
Benchmark

Las arañas tienen
ocho patas.

Las arañas tienen
ocho ojos.

5

Las arañas viven en la hierba.

7

Las arañas viven en los árboles.

Las arañas hacen seda.

11

Las arañas tejen telarañas.

Las arañas atrapan
insectos.

Las arañas comen insectos.

¡Teje araña, teje!

Palabras conocidas

insecto

ojos

hierba

patas

20

seda

árbol

telaraña

21

Índice

Los números en **negrita** corresponden a páginas con ilustraciones.

Sobre la autora

Dana Meachen Rau es escritora, editora e ilustradora. Graduada del Trinity College de Hartford, Connecticut, ha escrito más de ciento cincuenta libros para niños, entre ellos libros de ficción histórica y de no ficción, biografías y libros de lectura para principiantes. Vive con su familia en Burlington, Connecticut.

Con agradecimiento a las asesoras de lectura:

Nanci R. Vargus, Dra. en Ed., es profesora ayudante de educación primaria en la Universidad de Indianápolis.

Beth Walker Gambro recibió su Maestría en Ciencias de la Educación, con especialización en Lectura, de la Universidad de St. Francis, en Joliet, Illinois.

Marshall Cavendish Benchmark
99 White Plains Road
Tarrytown, New York 10591-9001
www.marshallcavendish.us

Library of Congress Cataloging-in-Publication Data

Rau, Dana Meachen, 1971–
[Spin, spider, spin! Spanish]
¡Teje araña, teje! / de Dana Meachen Rau.
p. cm. – (¡Vamos criaturita, vamos!)
Includes index.
ISBN 978-0-7614-2794-0 (spanish edition) – ISBN 978-0-7614-2653-0 (english edition)
1. Spiders–Juvenile literature.
I. Title. II. Series.
QL458.4.R3818 2007
595.4'4–dc22
2007008769

Spanish Translation and Text Composition by
Victory Productions, Inc.

Photo Research by Anne Burns Images

Cover Photo by *Animals Animals*/Maresa Pryor

The photographs in this book are used with permission and through the courtesy of:
Animals Animals: pp. 1, 19 Bill Beatty; pp. 5, 20TR James Robinson; pp. 11, 21TL Ralph Reinhold;
p. 15 Carson Baldwin, Jr. *Corbis*: pp. 3, 20BR Michael Maconachie; pp. 7, 20BL Dennis
Johnson/Papilio; pp. 9, 21TR Ian Beames/Ecoscene; pp. 3, 21B Wolfgang Kaehler. *Peter Arnold*:
pp. 17, 20TL BIOS/Bricout.

Printed in Malaysia
1 3 5 6 4 2